AF227171

DES TABLEAUX GRAPHIQUES

ET

DES CARTES FIGURATIVES

PAR

M. MINARD

INSPECTEUR GÉNÉRAL DES PONTS ET CHAUSSÉES EN RETRAITE.

A chacun le sien.

La grande extension donnée de nos jours aux recherches statistiques a fait sentir le besoin d'en consigner les résultats sous des formes moins arides, plus utiles et d'une exploration plus rapide que les chiffres; de là les représentations diverses qui ont été imaginées, et entre autres mes tableaux graphiques et mes cartes figuratives.

En donnant à la statistique une direction figurative, j'ai suivi l'impulsion générale des esprits vers les représentations graphiques.

Aujourd'hui les figures s'appliquent à tout : les annonces de vente des propriétés rurales et urbaines, des meubles, des habits, sont toujours accompagnées de plans et de dessins; dans les grands procès criminels le plan des lieux est mis sous les yeux des jurés. Le livre d'étrennes est plus l'œuvre du lithographe que du littérateur. Dans ses fables, la Fontaine a fait parler les animaux; nous voulons, de plus, que Granville ait dessiné leur attitude. Dans la prévision de la publication, un photographe est attaché à toute expédition; il n'y a pas jusqu'aux livres de science qui, comme cela s'était vu quelquefois, il y a deux cents ans (1), ne portent sur les pages mêmes du texte l'image des sujets qu'ils traitent. Enfin l'illustration envahit tout, et en rendant la statistique figurative, j'ai satisfait le besoin du jour, mais n'ai-je fait que sacrifier au goût de l'époque et n'ai-je pas contribué à augmenter l'utilité et à abréger le temps des études statistiques? C'est ce dont on pourra juger si l'on veut lire les pages suivantes.

---

(1) *Ars magna lucis et umbræ*, de Kircher. Rome, Louis Grignani, 1646. — Discours de la méthode de Descartes, Paris, Louis Legras, 1650.

Le principe dominant qui caractérise mes tableaux graphiques et mes cartes figuratives *est de faire apprécier immédiatement par l'œil, autant que possible, les proportions des résultats numériques.*

J'ai d'abord imaginé, en 1844, un tableau graphique publié à une centaine d'exemplaires, dont la Planche I est le fac-simile, et qui représente le nombre des voyageurs du parcours total et du parcours partiel de quelques chemins de fer.

Sur une ligne horizontale j'avais ajouté bout à bout les longueurs entre les stations : c'étaient les bases d'autant de rectangles dont les hauteurs verticales étaient proportionnelles aux nombres de tous les voyageurs ayant passé entre deux stations consécutives.

Une partie de ces rectangles relative aux voyageurs du parcours total se distinguait par une teinte plus foncée que celle de la partie relative aux voyageurs du parcours partiel.

Au moyen de ces rectangles et de ces teintes, on appréciait d'un seul coup d'œil le rapport des nombres de tous les voyageurs ayant passé entre deux stations et le rapport entre les voyageurs du parcours total et du parcours partiel.

De plus les surfaces totales de chaque rectangle étant proportionnelles au nombre de voyageurs portés à 1 kilomètre (élément important du trafic des chemins de fer) la comparaison de ces surfaces donnait promptement, par image, ce que les nombres écrits ne donnent que lentement par multiplication arithmétique.

L'année suivante, en 1845, je publiai dans le même système le premier tableau graphique qui ait paru sur le commerce du canal du Centre, et dont la Planche III est le fac-simile. Dans celui-ci les rectangles se rapportant aux diverses marchandises avaient des couleurs différentes. Ce tableau graphique lithographié et colorié a été distribué sur la fin de l'année 1845 à une centaine de personnes, ingénieurs, députés, etc. (1).

Ce mode de représentation a un petit inconvénient sous le rapport de l'exploitation commerciale : quelquefois la marche d'une marchandise ne peut être suivie facilement de l'œil, parce que les rectangles de même couleur qui la représentent sont séparés par ceux d'une autre couleur; et si l'on veut se bien rendre compte du mouvement de cette marchandise, il faut avoir un tableau graphique pour elle seule.

Dans cette année, appliquant différemment le même système, j'étais arrivé aux cartes figuratives dans lesquelles les rectangles des tableaux graphiques sont remplacés par des zones teintées qui suivent le plan des voies de transport et dont les largeurs sont proportionnelles à la circulation.

C'est en mars 1845 que j'ai publié ma première carte figurative, lors de la discussion du projet du chemin de fer de Dijon à Mulhouse; la Planche II en est le fac-simile. Les voyageurs circulant sur les routes de la contrée, comprises entre ces deux villes, y étaient représentés par des zones teintées qui suivent les contours de ces routes et qui ont des largeurs proportionnelles au nombre de voyageurs qui y passaient dans les voitures publiques. M. Frémy, alors auditeur au conseil d'État, aujourd'hui

---

(1) C'est de ce tableau que M. Teysserenc, député de l'Hérault, à qui je l'avais donné, a dit, dans ses *Études sur les voies de communication,* imprimées en 1847 : « M. l'inspecteur général Minard a publié sur le mouvement commercial du canal « du Centre un tableau graphique qui indique tout à la fois le tonnage, le sens du mouvement et la longueur des parcours des diverses natures de marchandises, etc. » (Page 657 des pièces justificatives.)

C'est aussi ce tableau dont M. Comoy, à qui je l'avais adressé, parle dans le mémoire inséré dans les *Annales des ponts et chaussées.* Mars et avril 1853, p. 175.

— 3 —

conseiller d'État et gouverneur du Crédit foncier, en avait fait soigneusement le relevé sur les lieux.

Ma carte lithographiée à deux cents exemplaires, distribuée aux membres du conseil des ponts et chaussées, aux députés des départements intéressés, aux ingénieurs, etc., éclaira la discussion ; l'idée en fut trouvée si heureuse pour guider l'opinion dans le choix d'un tracé en général, et en particulier de celui qui suivait la vallée du Doubs, qu'on en fit paraître, sous mon nom, une contrefaçon où l'on avait figuré des zones mensongères en faveur du tracé rival par la vallée de l'Ognon.

C'est par la vue seule que cette carte, qui fut trouvée *éloquente*, fit juger du rapport entre les nombres des voyageurs, car on remarquera qu'elle ne porte pas un seul chiffre.

A l'avantage d'une évaluation instantanée du rapport des résultats statistiques, les cartes figuratives joignent celui de faire juger de leur ensemble d'un seul coup d'œil, s'ils sont contenus dans le champ ordinaire de la vision, tout en conservant aux lieux leurs positions respectives.

Ces avantages furent saisis avec empressement par les ingénieurs. Quelques mois après que ma carte figurative des voyageurs entre Dijon et Mulhouse eut paru, plusieurs ingénieurs l'imitèrent pour appuyer leurs projets de chemins de fer ; ainsi M. Reynard, pour celui de Grenoble à Valence (1), M. Léon pour celui de Poitiers à la Rochelle (2), M. Maillebiau pour celui de Bordeaux à Bayonne (3), produisirent, dans mon système, les cartes figuratives des voyageurs circulant dans ces contrées.

Toutefois, si mes cartes donnent immédiatement les rapports simples comme le double, le triple, etc., ce qui, je le répète, ne s'obtient par les nombres que par une opération mentale un peu longue, cet avantage s'évanouit s'il faut comparer des éléments très-disproportionnés, tandis qu'avec les nombres, quand le plus petit n'a que deux chiffres, avec un peu de temps l'esprit peut approcher du quotient ; c'est pourquoi j'écris aussi les nombres sur plusieurs de mes cartes.

Au surplus, l'évaluation spontanée des grandes quantités a toujours été très-incertaine. Qui ne connaît la difficulté qu'un général trouve à nombrer des troupes ennemies qui paraissent à sa vue ? Napoléon, lui-même, affirmait qu'avec sa vieille expérience, il n'était pas sûr de ne pas se tromper d'un quart au moins (4). Et cependant rien ne peut dire à l'œil le nombre des hommes mieux que les hommes mêmes placés les uns à côté des autres.

Je ne connais pas dans le passé d'autres cartes parlantes que celles des premiers géographes qui figuraient les pays par leurs animaux.

L'application de l'algèbre à la géométrie de Descartes nous donne les courbes représentant géométriquement les relations de deux variables ; et les courbes de marée furent une des plus remarquables applications de sa découverte ; j'ignore si l'on sait à qui elles sont dues. On voit là un progrès dans la représentation graphique, puisque par l'œil on saisit les hauteurs successives des marées.

En appliquant à cette représentation des marées l'idée ingénieuse qu'avait eue, en 1734, d'Ons-en-Bray de faire tracer le tableau graphique des vents régnants par le vent lui-même agissant sur un mécanisme, on a obtenu, de nos jours, le marégraphe, instrument au moyen duquel la mer, traçant

(1) Mémoire et rapport du milieu de 1845.
(2) *Idem* du 20 août 1845.
(3) *Idem* de janvier 1846.
(4) *Histoire du Consulat et de l'Empire* de M. Thiers, t. XVI, p. 533.

elle-même sur le papier les heures et les hauteurs successives des marées, donne les courbes de ce mouvement les plus complètes et les plus exactes.

Dans le xviiie siècle, nous voyons la première application, je crois, du système de Descartes à des phénomènes sans loi déterminée, comme ceux d'économie publique, par exemple. Descartes traçait les courbes d'après les relations de deux variables ; on renversa la question, on chercha si des faits simultanés, plus ou moins corrélatifs, enregistrés par abscisses et ordonnées, pouvaient se rapporter à des courbes connues ou donner des représentations utiles.

On voit dans les *Tableaux d'arithmétique linéaire* de William Playfair (1), imprimés d'abord à Londres, puis traduits en français vers 1787, des courbes coloriées représentant les prix annuels du blé, du salaire des ouvriers, etc. (Planche IV, fig. 2).

Au premier aspect, celui des prix du blé paraît semblable à mes tableaux graphiques ; il y a des rectangles, mais leurs surfaces n'ont aucune signification statistique, tandis que celles de mes rectangles, sur les voies de transport, font voir le nombre de tonnes portées à un kilomètre, résultat si important pour leur trafic, qu'on le consigne toujours en chiffres dans les comptes rendus.

Dans le commencement de ce siècle, Layton Cooke publia ses grands tableaux des courbes coloriées représentant les prix annuels du blé dans le nord de l'Europe, ceux de la laine, de la viande, du beurre (2), etc.

En 1826, j'ai publié, dans le même système, les divers éléments de l'entretien du pavé de Paris pendant les deux derniers siècles (3).

En 1833, encore dans le même système, Tarbé fit paraître les tableaux des décès journaliers à Paris pendant le choléra de l'année précédente.

La plupart des ingénieurs consignèrent ainsi les hauteurs d'eau diurnes des rivières.

Telles sont, parmi beaucoup d'autres applications, celles qu'on a faites et qu'on fait encore par extension du système indiqué par Descartes ; mais il faut bien reconnaître que, dès que les éléments des faits recueillis simultanément n'ont aucune relation entre eux, comme les quantités de marchandises passant sur un canal et les distances qu'elles y ont parcourues, le système de Descartes n'a aucune signification économique ni possibilité graphique, et il fallait un autre mode de représentation des faits statistiques pour les comparer par la vue seule.

J'ai entendu dire, à l'occasion de mes cartes, qu'il y avait bien longtemps qu'on avait fait des cartes parlantes ; non-seulement mes cartes parlent, mais, de plus, elles comptent, elles calculent par l'œil ; c'est là le point capital ; c'est là le perfectionnement que j'ai introduit dans mes cartes figuratives par la largeur des zones, et dans mes tableaux graphiques par les rectangles.

D'autres représentations plus ou moins curieuses ont paru dans ces dernières années.

Ainsi, on a groupé autour d'une rose de vents, le nombre de jours où ont régné les mêmes vents d'un port (Planche IV, fig. 4).

---

(1) Imprimé à Londres, chez W. Sams, James's street, n° 1. traduit en français, édition de...... Barrois, Paris, 1787........ (à la bibliothèque Impériale).

(2) Londres, 69, Great Russel street, Bloomsbury square.

(3) *Projet de canal et de chemin de fer pour le transport de pavés à Paris* ; chez Pihan Delaforest, rue des Noyers, 37, Paris, 1826.

— 5 —

En 1827, M. le baron Ch. Dupin (1), sénateur, et en 1828, MM. Balbi et Guerry (2) ont cherché à montrer les degrés d'instruction et de criminalité dans les départements par des teintes grises plus ou moins foncées (Planche IV, fig. 1); cette représentation, très-ingénieuse, n'a pas été imitée, sans doute parce qu'elle ne donne pas une appréciation numérique. On peut bien dire qu'une teinte est moins foncée qu'une autre, cela se voit; mais dire qu'elle l'est deux fois ou trois fois moins, cela ne se voit plus, cela ne se comprend pas.

Comme moyen de compter par les teintes, qu'on me permette de citer, et par analogie seulement, l'ingénieux procédé d'analyse chimique des eaux dû, je crois, à Gay-Lussac.

Dans douze verres contenant même quantité d'eau distillée, on fait dissoudre des doses croissantes du sel qui se trouve dans l'eau à analyser. On y verse même quantité de réactif, on a douze précipités d'intensités croissantes; la même opération, faite sur l'eau à analyser, donne un précipité qu'on peut intercaler dans les premiers. On conçoit que, par la même manière d'opérer, on approchera très-près de l'égalité de teintes dans deux précipités, ce qui donnera la quantité de sel cherchée; mais c'est par l'égalité de teinte sur laquelle l'œil ne se trompe pas, et non par des intensités différentes, que l'on obtient une solution numérique.

Je reviens aux représentations graphiques.

Des statisticiens divisèrent une circonférence en 365 parties égales, prolongèrent les rayons allant à ces divisions, portèrent en dehors, et à partir de la circonférence, des longueurs proportionnelles à des observations journalières; puis, unissant les extrémités de ces lignes par une courbe, ils avaient une représentation circulaire de l'ensemble des observations pendant l'année; c'est ainsi qu'on a figuré les recettes hebdomadaires du chemin de fer de l'Ouest en 1858 (3) (Planche IV, fig. 3).

J'ai vu ce mode de représentation dans le bureau de statistique du chemin de fer du Nord, dès 1846.

En 1851, j'ai employé des cercles de surfaces proportionnelles pour représenter la production des bassins houillers, et en 1852, pour représenter les tonnages des ports; cette dernière représentation permettant de placer les ports avec quelque exactitude géographique, on pouvait les comparer pour la grandeur et la position.

La représentation par cercles laisse beaucoup à désirer. L'esprit saisit très-difficilement par la vue seule le rapport des surfaces de deux cercles; il faut, en quelque sorte, qu'il passe par l'évaluation des diamètres dont les carrés lui donnent le rapport des cercles.

Mais si des cercles séparés se comparent mal, les secteurs d'un même cercle se comparent très-bien. C'est pourquoi j'ai pu, dans ma carte des tonnages des ports de mer en 1857, faire apprécier par des secteurs les rapports des tonnages de chaque port appartenant, l'un au cabotage, et l'autre au commerce extérieur; les secteurs avaient été déjà employés avant que j'en fisse usage.

En février 1847, Alphonse Belpaire, ingénieur belge, avait publié une notice sur ses belles cartes figuratives (sans date) des routes, rivières et chemins de fer de Belgique, dressées absolument dans le même système que celui de mes cartes. Il dit dans cet écrit que sa première carte avait paru environ

---

(1) Pl. I, des *Forces productives et commerciales de la France*.
(2) Paris, chez Jules Renouard, rue de Tournon, n° 6.
(3) Tableau lithographié inédit, par M. Massicart.

deux ans avant la notice ; ce serait donc vers février 1845. Or on a vu que c'est à cette époque que j'ai publié ma première carte figurative. Ainsi, en admettant l'assertion de Belpaire, les deux inventions auraient surgi en même temps en Belgique et en France.

Mes publications ont été imitées plus ou moins promptement. Ayant envoyé mon tableau graphique colorié de 1845 sur le commerce du Canal du centre à M. Comoy, alors chargé de ce canal, cet ingénieur en chef trouva l'idée si bonne qu'il l'a continuée, et chaque année, depuis 1851, il a fait paraître des tableaux graphiques imités du mien (1) ; il y a seulement ajouté, et toujours en suivant mon système, la représentation de l'importance des ports du canal.

Par une circulaire du 20 décembre 1854, l'administration des ponts et chaussées a recommandé l'application des tableaux graphiques de M. Comoy (c'est-à-dire des miens) aux principales lignes navigables, et cette prescription a été suivie.

En 1856, M. Nicolas, ingénieur des ponts et chaussées, a réuni sous forme de tableaux graphiques intéressants les diverses circonstances de l'exploitation de nos chemins de fer depuis leur origine.

En 1857, Garella, ingénieur en chef des mines, a publié un tableau graphique du mouvement des voyageurs sur le réseau des chemins de fer de l'Ouest.

Une des plus heureuses applications de mon système de cartes figuratives a été faite en 1859 par le chef de la statistique des chemins de fer du ministère des travaux publics ; elle fait voir le mouvement et le nombre des troupes envoyées à la guerre d'Italie en 1859.

Tout dernièrement l'administration des ponts et chaussées, adoptant mon système, a fait paraître une grande carte figurative en douze feuilles sur la circulation des routes impériales en 1856-1857.

Depuis quelques années des compagnies de chemins de fer ont adopté mes tableaux graphiques pour représenter leur trafic de petite vitesse.

La compagnie d'Orléans a considéré mon système sous un aspect particulier, excellent au point de vue de l'exploitation ; mais il ne m'appartient pas de faire connaître cette modification.

Son Excellence le ministre de l'agriculture, du commerce et des travaux publics, sur la présentation éclairée et bienveillante de M. le directeur général des ponts et chaussées et des chemins de fer, ayant bien voulu souscrire à la plupart de mes cartes, j'ai pu publier au nombre de près de dix mille exemplaires, des tableaux graphiques et des cartes figuratives sur divers sujets tels que la circulation des voyageurs sur les routes et les chemins de fer, celle des marchandises en général, et en particulier des houilles, des céréales et des vins, sur les voies d'eau et de fer ; les tonnages des ports de mer de France, des ports de mer d'Europe et du globe, la consommation des viandes de boucherie à Paris, les marchandises passant en transit par la France et dernièrement l'importation du coton brut en Europe, etc., etc.

Mes cartes figuratives et mes tableaux graphiques ayant été présentés à l'Empereur, Sa Majesté a

---

(1) Deux de ces tableaux ayant été envoyés à l'exposition universelle de 1855, j'ai dû revendiquer mon antériorité. Elle a été reconnue par le jury mixte international, qui s'exprime ainsi, page 436, de son rapport imprimé : « A côté des beaux « modèles exposés par le ministère des travaux publics se trouvent : 1°. . . . . 2° les tableaux graphiques de la circu- « lation sur le canal du Centre en 1852 et 1853, dressés par l'ingénieur en chef Comoy, *d'après le système que M. Minard,* « *inspecteur général des ponts et chaussées en retraite, avait imaginé et appliqué à la représentation de la circulation sur* « *des chemins de fer en 1844, et sur le canal du Centre en 1845.* Signé M. Wertheim, rapporteur. »

bien voulu, en les acceptant, me faire connaître « qu'elle les avait vus avec intérêt et qu'elle en ferait « usage (1). »

Fort de cet auguste suffrage donné à mes publications si bien accueillies en France et à l'étranger, j'éprouve, à plus de quatre-vingts ans, la satisfaction d'avoir donné naissance dans ma vieillesse à une idée utile, de l'avoir propagée par de nombreuses applications, et ainsi de rendre encore quelque service sur la fin de ma carrière.

Paris, 1ᵉʳ décembre 1861.

---

(1) Tout récemment la carte de l'importation du coton ayant été mise sous les yeux de l'Empereur, « S. M. l'a examinée « avec un vif intérêt en manifestant l'intention de la consulter au besoin. »

Paris. — Imprimé par E. Thunot et Cⁱᵉ, rue Racine, 26.

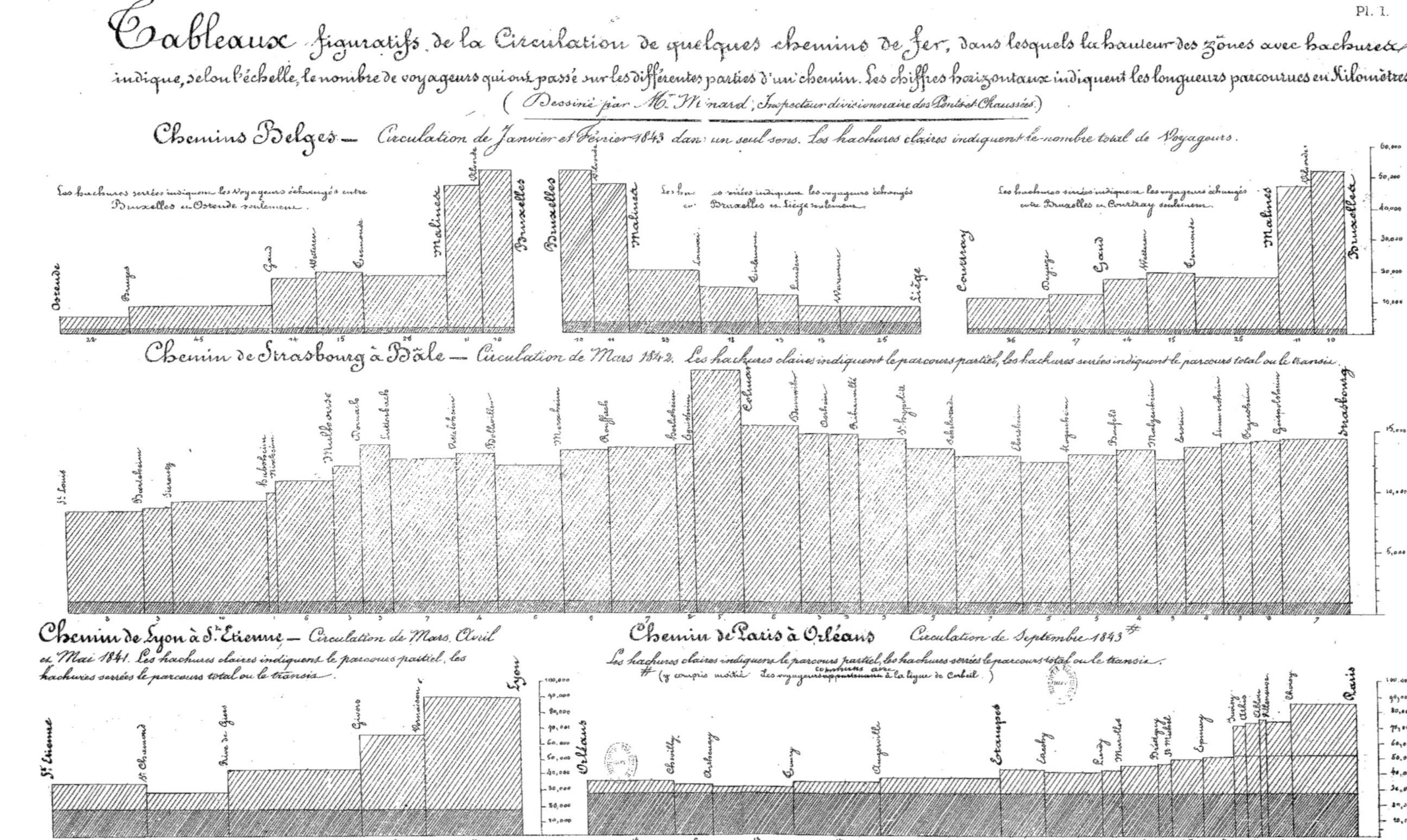

Pl. I.
Tableaux figuratifs de la Circulation de quelques chemins de fer, dans lesquels la hauteur des zônes avec hachures
indique, selon l'échelle, le nombre de voyageurs qui ont passé sur les différentes parties d'un chemin. Les chiffres horizontaux indiquent les longueurs parcourues en Kilomètres.
(Dessiné par Mr. Minard, Inspecteur divisionnaire des Ponts et Chaussées.)
Chemins Belges — Circulation de Janvier et Février 1843 dans un seul sens. Les hachures claires indiquent le nombre total de Voyageurs.
Les hachures serrées indiquent les Voyageurs échangés entre Bruxelles et Ostende seulement.
Ostende
Bruges
Gand
Wetteren
Termonde
Malines
Bruxelles
Les hachures serrées indiquent les voyageurs échangés entre Bruxelles et Liège seulement.
Bruxelles
Malines
Louvain
Tirlemont
Landen
Waremme
Liège
Les hachures serrées indiquent les voyageurs échangés entre Bruxelles et Courtray seulement.
Courtray
Deynze
Gand
Wetteren
Termonde
Malines
Bruxelles
Chemin de Strasbourg à Bâle — Circulation de Mars 1842. Les hachures claires indiquent le parcours partiel, les hachures serrées indiquent le parcours total ou le transit.
St. Louis
Bartheim
Sierentz
Habsheim
Modenheim
Mulhouse
Dornach
Lutterbach
Illzach
Bollwiller
Merxheim
Rouffach
Herlisheim
Eguisheim
Colmar
Bennwihr
Ostheim
Ribeauvillé
St. Hippolyte
Scherweiler
Ebersheim
Kogenheim
Benfeld
Matzenheim
Erstein
Limmersheim
Geispolsheim
Strasbourg
Chemin de Lyon à St. Étienne — Circulation de Mars, Avril et Mai 1841. Les hachures claires indiquent le parcours partiel, les hachures serrées le parcours total ou le transit.
St. Étienne
St. Chamond
Rive de Gier
Givors
Vernaison
Lyon
Chemin de Paris à Orléans — Circulation de Septembre 1843.
Les hachures claires indiquent le parcours partiel, les hachures serrées le parcours total ou le transit.
(y compris moitié des voyageurs appartenant à la ligne de Corbeil.)
Orléans
Chevilly
Arbouvay
Étrechy
Angerville
Étampes
Lardy
Linay
Marolles
Bréstigny
St. Michel
Épinay
Juvisy
Athis
Ablon
Villeneuve
Choisy
Paris

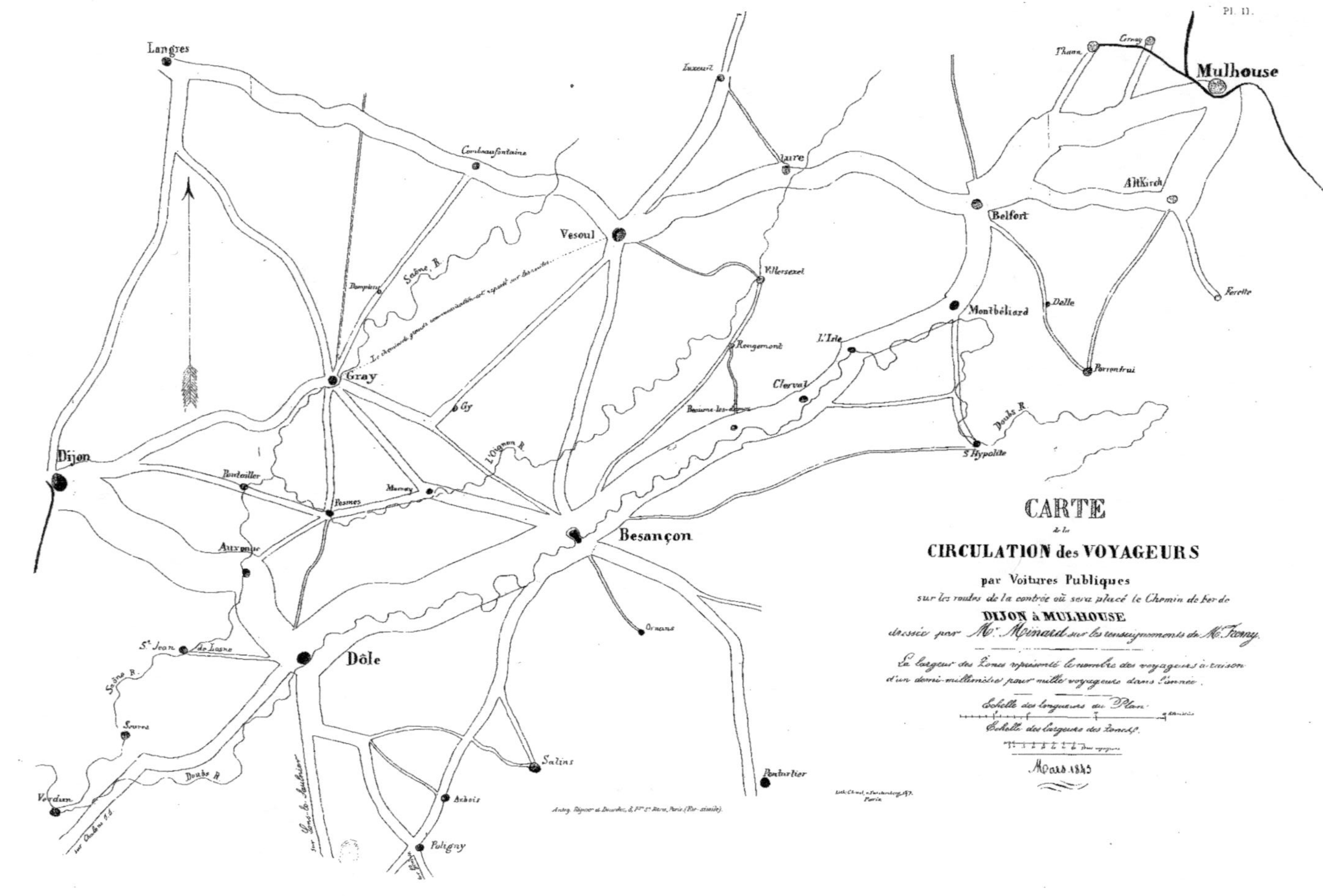

Pl. 11.
Langres
Combeaufontaine
Luxeuil
Jussey
Thann
Cernay
Mulhouse
AltKirch
Belfort
Vesoul
Saône R.
Dampierre
Villersexel
Delle
Ferette
Montbéliard
Gray
Gy
Rougemont
L'Isle
Clerval
Porrentrui
Doubs R.
Beaume-les-dames
Dijon
Pontailler
Pesmes
Marnay
Auxonne
St Hypolite
L'Ognon R.
Besançon
Ornans
St Jean de Losne
Saône R.
Sourre
Verdun
Doubs R.
sur Ouche S. d.
sur Seine le Saulnier
Dôle
Salins
Arbois
Poligny
Pontarlier
CARTE
de la
CIRCULATION des VOYAGEURS
par Voitures Publiques
sur les routes de la contrée où sera placé le Chemin de fer de
DIJON à MULHOUSE
dessiée par Mr Minard sur les renseignements de Mr Fronny
La largeur des Zones représenté le nombre des voyageurs à raison
d'un demi-millimètre pour mille voyageurs dans l'année.
Echelle des longueurs au Plan
Echelle des largeurs des Zones
Mars 1845
Autog. Régnier et Dourdet, 8, R. S. Bon, Paris.(Par similr).
Lith. Chanel, r. Fürstenberg, 6, Paris.

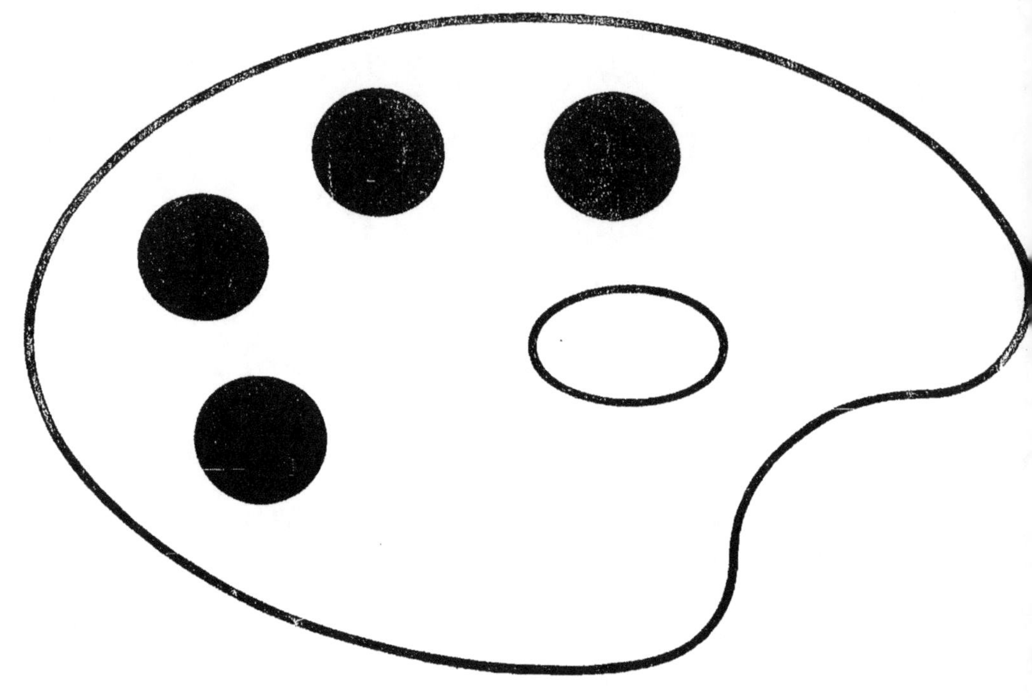

Original en couleur

NF Z 43-120-8

Tableau figuratif du mouvement commercial du Canal du Centre en 1844
Pl. III.
dressé par Mr. Minard sur les renseignements de Mr. Comoy
Le mouvement total équivaut à 131,000 tonneaux parcourant la longueur du Canal ou 117 kilomètres
Le transit y est compris pour 16,000 tonneaux.

100,000
90
80
70
60
50,000
40
30
20
10

Moellons
Houille
Sable et Argile
Plâtre
Bois
Minerai
Fonte et Fer
Briques
Divers Marchandises de transit.

Chalon S.S.
Fragne
Vauchart
Champforgeuil
Chagny
Remigny
Santenay
Cheilly
St Gilles
Dennevy
St Léger
St Berain
Faugey
Longpendu
Montchanin
Ragny
Blanzy
Monceau
Le four
Ciry
Valeuse
Genelard
Montet
Palinge
Pont Bord
Paray
Canal latéral
Bierette
Digoin

On a compris dans le transit les marchandises allant de Châlon au Canal latéral à la Loire et réciproquement.
Un millimètre pour mille tonneaux — Trois millimètres pour un kilomètre.
Autog. Régnier et Dourdet, 8, P.e S.te Marie, Paris. — (Fac-simile.)

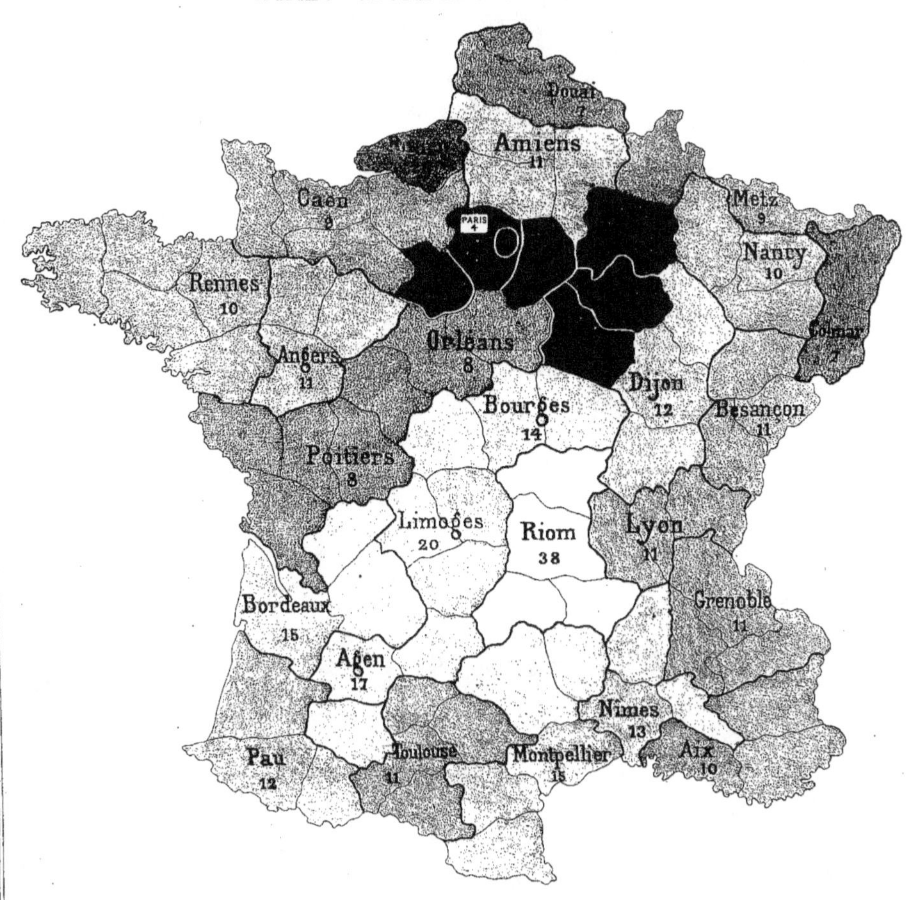

STATISTIQUE COMPARÉE
du nombre des crimes dans les divers arrondissements
des Cours Royales de France
en 1825, 1826 et 1827. (Extrait de la Carte)
par A. Balby et A. M. Guerry   Avocat.
Fig. 1.
CRIMES CONTRE LES PROPRIÉTÉS.
Douai
7
Amiens
11
Caen
8
Metz
9
Nancy
10
Rennes
10
PARIS
4
Colmar
7
Angers
11
Orléans
8
Dijon
12
Besançon
11
Bourges
14
Poitiers
8
Limoges
20
Riom
38
Lyon
11
Bordeaux
15
Grenoble
11
Agen
17
Nimes
13
Pau
12
Toulouse
11
Montpellier
15
Aix
10
Les chiffres indiquent sur combien de mille habitants se rencontre un condamné.

Fig. 2.

Extrait des Tableaux d'Arithmétique linéaire de William Playfair.— Edition de Barrois-Paris, 1787.

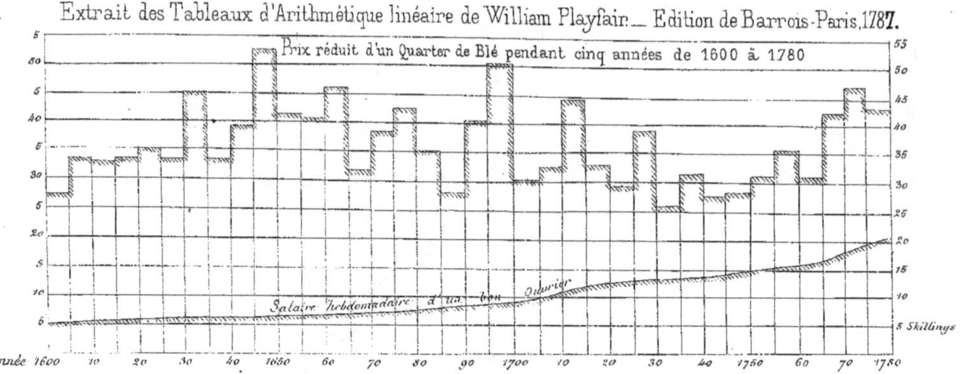

Tableau des Recettes hebdomadaires des Chemins de fer de l'Ouest en 1858.
par Mr Massicart.

Fig. 3.

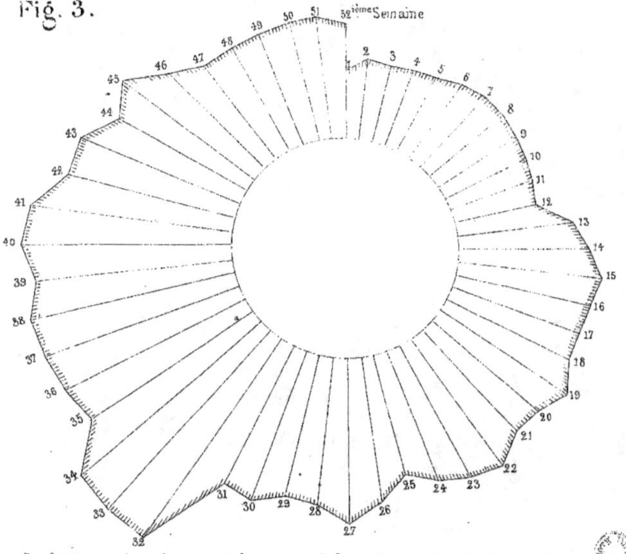

La longueur du prolongement des rayons indique la recette de chaque Semaine
à raison d'un millimètre pour 14,000 Francs.

Fig. 4.

Principaux Vents qui ont régné au
Phare de Cordouan pendant l'année 1842.

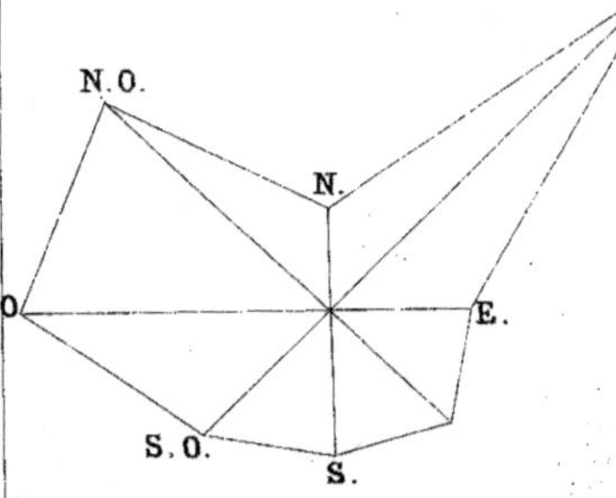

Les longueurs des lignes à partir du Centre de la
Rose de Vents ci-dessus sont proportionnelles
aux nombres de jours pendant lesquels les Vents
ont soufflé.